TIMOTÉ

va sur le pot

Emmanuelle Massonaud
Mélanie Combes

Gründ

Ce matin, Timoté accompagne Maman au grand magasin. Ils ont une course importante à faire : acheter un pot pour Timoté. Les couches, maintenant c'est terminé...

– Je veux le rouge, c'est le même que celui de Maxou.

– D'accord, ce pot m'a l'air parfait, répond Maman.

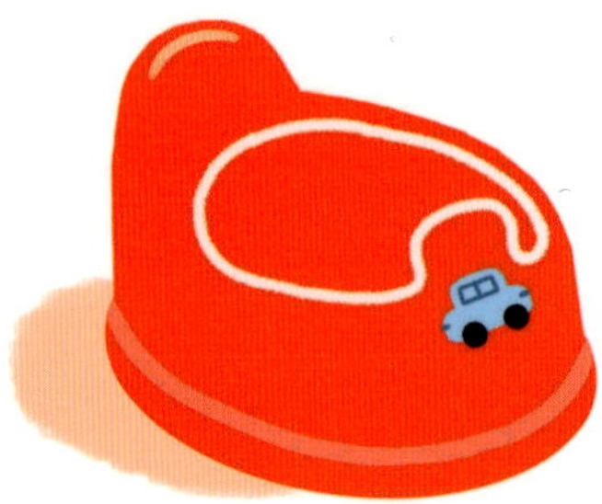

NUM !

L'après-midi, juste après la sieste, Maman propose à Timoté d'essayer le pot.

– Est-ce que tu crois que tu as envie de faire pipi ? demande Maman.

– Beaucoup, Maman, répond Timoté, qui se dandine d'une jambe sur l'autre.

– Alors, dépêchons-nous, dit Maman en aidant Timoté à enlever sa culotte.

Souris va sur le pot

Confortablement assis sur son magnifique pot, Timoté ne tarde pas à faire pipi.

– Bravo, mon lapin, le félicite Maman. Tu vois que le pot, c'est très commode et très facile. Quand on a fini, on va, sans courir, vider le pot dans les toilettes.

Après, on n'oublie pas de tirer la chasse d'eau : Plich ! Et voilà, le tour est joué !

Après avoir pris un délicieux goûter, Timoté réclame à nouveau à Maman d'aller sur le pot.

– Bien sûr, je t'aide à défaire le bouton de ton pantalon et tu te débrouilles tout seul. Tu m'appelles quand c'est fini.

Pot camion

Pot chapeau

Pot bateau

Timoté appelle Maman :
– Ça y est, j'ai fini !
Maman s'approche, mais rien, rien du tout, le pot est vide.
– Maintenant ça y est, rappelle Timoté, deux minutes plus tard.
– Timoté, tu me fais une blague, ce pot est toujours vide ! dit Maman.

– Oui, mais je voudrais faire plich, dit Timoté, c'est très rigolo.

– Ah, non : pas de pipi, pas de plich, Timoté ! Allons plutôt au jardin. Tu retourneras sur le pot quand tu auras vraiment envie de faire pipi. Tiens, mets ce short, il est facile à enlever quand on est un peu pressé.

Au jardin, Timoté s'amuse beaucoup au toboggan avec Maxou, Lila et Antoine. Mais Maman voit bien qu'il recommence à se tortiller d'une jambe sur l'autre.

– Timoté, tu n'aurais pas envie de faire pipi, par hasard ?

– Si, si, Maman, très, très...

Hélas, le temps d'arriver aux toilettes du square, il y a déjà un petit accident.

– Ne t'inquiète pas, ce sont des choses qui arrivent quand on commence à aller sur le pot comme un grand. Il faut juste que tu me préviennes dès que tu commences à avoir envie.

– Mais je jouais, Maman !

– Oui, bien sûr, mais c'est très rapide, tu sais, de faire un petit pipi... Allez, rentrons à la maison.

Quand Papa rentre ce soir-là, Timoté se précipite vers lui :

– Regarde, Papa, tu ne devines rien ?

– Si, on dirait que mon Timoté n'a plus de couche.

– Gagné, Papa ! Maintenant, je vais tout seul sur le pot !

– Bravo, mon lapin. Demain, je te montrerai comment aller sur les toilettes des grands.
– Et c'est moi qui ferai plich, tout seul ?
– Tout seul, c'est promis.
Le lendemain, bien sûr, Papa tint sa promesse… et Timoté, grâce à son joli réducteur jaune, put aller sur les toilettes, comme les grandes personnes.

Fin

Je joue et j'apprends avec TIMOTÉ !

Les Devinettes De Timoté !

1. Quand on va aux toilettes, on tire **la chasse** ou **la chaise** ?
2. Quand on a terminé, on rabat **le couvercle** ou **le couvert** ?
3. Quand on est allé aux toilettes, on se lave **les pieds** ou **les mains** ?
4. Quelles sont les toilettes pour **les messieurs** ? Et pour **les dames** ?

la chasse

la chaise

le couvercle

le couvert

Solutions : 1- la chasse, 2- le couvercle, 3- les mains.